KB263097

도서출판 선영사
www.sunyoung.co.kr

너와 함께 찰칵

① 이   름 : (나)   (너)
② 생년월일 : (나)   (너)
③ 너와 나의 애칭 : (나)   (너)
④ 처음 만난 날 :
⑤ 고백한 날 :
⑥ 처음 만난 장소 :
⑦ 우리들만의 아지트 :
⑧ 하고 싶은 이야기

남 :

여 :

세상에서 가장 아름다운 이야기...
바로 너와 나의 이야기랍니다.
당신의 사소한 일상이 내겐 큰 의미가 되고
나의 사소한 일상이 당신에겐 큰 의미가 되었으면 좋겠습
니다.
서로를 알아갈 수 있는 시간이 주어짐에 축복이며
함께 아름다운 시간을 만들어 갈수 있음에 행운이랍니다.
알기 때문에 지켜줄 수 있는 마음.
알기 때문에 배려해 줄 수 있는 마음.
알기 때문에... 누구보다 사랑하는 마음.
우리들만의 이야기를 긁적이며 이 여백을
아름답게 채워 나가고 싶습니다.
이 종이들을 하나둘 채워 나가듯...
그렇게 우리들의 사랑 역시 아름답게 채워 나갔으면 하는
바람을 가집니다.
나와 당신의 이야기들이 하나둘 모이기 시작할 때
이 책은 당신과 나와의 사랑으로 충만한 세상에서
가장 아름다운 책이 될 것이랍니다.
우리가 함께 만들기에 단 한 구절의 글도 소중한
세상에서 한 권밖에 없는 아름다운 선물...

그럼 커플북으로 사랑으로 채워 나가 볼까요.

첫눈에 반하는 기쁨은 행복...
알아 나가는 기쁨은 축복이다.

년   월   일

____

"세상에서 가장 아름다운 우리들만의 비밀 이야기"
사랑하면서도 서로에 대해 잘 모르는 우리들.
알고 있다면 지켜줄 수 있는 배려와 이해...
그리고 사랑스러운 마음.
그 마음을 담을 수 있는 작은 공간
하지만 채워 나가면 나갈수록 아름다워지는 공간
바로 커플북의 의미랍니다.
가장 궁금해 하는 이성간의 질문들을 제대로 엮어 단지
상대방의 정보를 아는 것만으로 그치는 것이 아닌, 함께
만들어 나가고 함께 공유할 수 있으며...
둘이 만들었기에 세상에서 하나밖에 없는 소중한 책으로
혹은 아름다운 사랑의 흔적으로 남아 우리의 소중한 보물
이 될 것이랍니다.
더불어 자연스러운 계기를 통한 서로에 대한 정보 획득으
로, 좀더 이해할 수 있고... 좀더 알아갈 수 있고...
모르기 때문에 저질렀던 실수를 예방해 주며 점점 시간이
흐를수록 변해 가는 우리들의 모습을 성찰해 볼 수 있는

기회를 제공해 줄 것입니다.

좋아하기 때문에, 사랑하기 때문에 궁금한 물음들...

커플북은 그런 물음들을 서로에게 제공하며 또한 서로 채워간다는 참여의 의미를 안겨주고 서로를 더욱 친밀하게 이끌어 줌과 동시에 마음의 앎을 일깨워 주어 사랑의 끈을 더욱 돈독히 맺어줄 것이라는 사실을 믿어 의심치 않습니다.

그리고 커플이 아니더라도 나의 이야기들을 정성스레 적어 내가 사랑하는 사람에게 선물한다면 세상에서 가장 소중한 선물, 감동적인 이벤트가 될 것이랍니다.

사랑은 언제나 함께하는 것입니다.

작은 것이지만 함께함에 그 의미가 커지는 것이며...

함께 하기 때문에 사랑이 커져 나가는 것이랍니다.

누군가를 위해 빈 여백을 채워 나가는 아름다운 여행에 당신을 초대합니다.

우리 둘만의 비밀 이야기...

우리 둘만의 아름다운 이야기 속으로 마음속에 사랑을 담아 함께 만들어 나가도록 합시다.
세상에서 한 권밖에 없는 가장 아름답고 비밀스러운 우리
들만의 이야기...
바로 커플북이 함께할 것이랍니다.

쉿...우리들의 작은 비밀...그러나 아름다운 이야기.
사랑하는 사람들에게, 사랑을 시작하려는 모든 분들에게
이 아름다운 비밀 이야기를 바칩니다.

2004년 5월 1일

김 범석

책의 구성

쉿... 우리둘만의 비밀

우리 처음 봤을 때 설레였던 그 느낌은? 14

너에게만 알려주고 싶은 비밀,
나의 모든 것을 말해 줄게 16

너랑 함께 만들고 싶은 추억의 장소는 말야? 18

어떤 영화의 장르를 좋아라 하니? 20

혼자 있을 때 주로 하는 혼자놀기의 진수가 있다면? 22

오랜 시간 함께 해온 즐거운 벗이 있다면? 26

〈쉼터〉 뒤늦게 깨달은 남자의 마음 28

가장 즐겨찾는 브랜드와 가장 꼴불견 이성 스타일은? 32

받으면 가장 행복할 것 같은 선물이 있다면? 34

네가 자주 가는 곳을 알고 싶어? 나두 단골 될래 36

첫사랑 하면 아련히 떠오르는 생각(기억)이 있다면? 38

흡연과 음주에 대한 너의 생각은 어때,
그리고 너의 주량은? 40

네 인생의 한켠에 감동으로 남아 있는 책이 있다면? 42

가장 너답게 보일 때가 언제라고 생각해? 44

〈쉼터〉 지금 누군가를 좋아한다면 46

만약 로또 1등에 당첨된다면 가장 먼저하고 싶은 일은? 50

나랑 함께 이루고 싶은 소원이 있다면? 52
3살 버릇 여든까지 간다? 그럼 너의 버릇은? 54
〈쉼터〉 별자리와 운세 56

♡ 너에게만 궁금한 이야기들 ♡

너의 눈에 가장 사랑스러워 보였던 내 모습은 언제야? 62
내가 생각하기에 너의 성격은 이런 거 같애... 64
나와 헤어지고 난 뒤 보내는 너의 시간이 궁금해? 66
나 만나지 않는 날의 너의 일상은? 68
너에게 쓰는 편지(그 녀) 70
너에게 쓰는 편지(그 남) 72
이런 점은 네 마음속에 쏙... 그런 나의 모습이 있다면? 74
함께 있는 동안의 나의 장단점 꼬집어주기... 76
삶을 살아가면서
        가장 중요하다고 생각하는 것이 있다면? 78
가장 하고 싶은 커플 룩이 있다면 어떤 거야? 80
만약에 말야...
        사랑과 우정 사이의 그 갈림길에 놓인다면? 82
슬프지만, 정말 사랑해도 헤어질 수 있을까? 84
가장 슬프게 펑펑 울었던 때가 언제야? 86
〈쉼터〉 당신 때문입니다 88
설마 내가 100번째?
        내가 저장되어 있는 너의 휴대폰 단축번호는? 90

타임머신을 타고 다시 돌아가고 싶은 과거가 있다면? 92

나에게 가장 잘 어울리는 패션 스타일은? 94

내게 바라는 너의 소망과 바람이 있다면? 96

나 바람피면 어떻게 되는 거야?

죽느냐 사느냐 그것이 문제로다? 98

내게 주고 싶은 선물이 있다면? 100

너의 눈에 가장 싫어 보였던 내 모습은 언제야? 102

〈쉼터〉 고백론 104

♡ 1+1=2 아냐 너와 난 하나 ♡

무인도에 가면 가져가고 싶은 것 5가지는? 110

가장 너에게 감동을 줬던 나의 행동이 있다면? 112

이럴 땐 나와의 만남을 후회한 적 있어... 114

날 말야... 정말 사랑하고 있다는 생각이 들어? 116

돈 없어도 행복하게 보낼 수 있는

커플 놀이가 있다면 뭘까? 118

헤어진 사람과 친구로 지낼 수 있니? 120

친구의 애인을 사랑해 본 적이 있니? 122

〈쉼터〉 가슴속에 담아야 할 15가지 메시지 124

나 떠난다면 너의 마음속엔 슬픔의 장마가 올 거 같니? 128

숨기고 아꼈던 나에 대한 이야기 말해 주기? 130

우리의 이야기들 중 휴지통에 버리고 싶은

그런 이야기가 있다면? 132

과연 사랑에도 유통기한이 있을까? **134**
만약 우리의 궁합이
       천생 악연으로 나온다면 어떻게 할 꺼야? **136**
내가 무진장 보고팠던 적이 있었다면 언제야? **138**
우리의 사랑 앞에 '＋영원한'을 붙일 수 있을까? **140**

♡ 알아두면 좋은 글 ♡

♥ 풀잎사랑 **146**
♥ 스티커 사진기 **148**
♥ 이별 **150**

♡ 너와 내가 꾸며갈 아름다운 이야기... ♡

∘⌒♡♥ 쉿... 우리들만의 비밀 ♥♡⌒∘

추억의 사진을 붙이세요

그
男

누군가를 사랑하지만 그 사람에게 사랑받지 못하는 일
은 가슴아픈 일입니다.
하지만 더욱 가슴아픈 일은 누군가를 사랑하지만 그 사
람에게 당신이 그 사람을 어떻게 느끼는지 차마 알리지
못하는 일입니다.

16 사랑한다는 것은 둘이 마주보는 것이 아니라 함께 같은 방향을 쳐다
보는 것이다.

-생텍쥐페리-

그
女

너랑 함께 만들고 싶은 추억의 장소는 말야?

고男

순간의 창피함으로 진정한 사랑을 할 수 있다면 해볼 만한 도박 아 닌가?

18

- 최군힙합 : 최윤홍 -

어떤 영화의 장르를 좋아라 하니?

어떤 영화의 장르를 좋아라 하니?

우리가 무엇을 잃기 전까지는 그 잃어버린 것의 소중함을 모르는 것
이 사실입니다.
하지만 우리가 무엇을 얻기 전까지는 우리에게 무엇이 부족한지를 깨닫
지 못하고 있는 것 또한 사실입니다.

혼자 있을 때 주로 하는
혼자놀기의 진수가 있다면?

사랑의 계산 방법은 독특하다. 절반과 절반이 합쳐 하나가 되는 것
이 아니라, 오직 두 개가 모여 완전한 하나를 만들기 때문이다.
-조 코데르트-

24 결국 사람은 사랑을 얼마큼 주는가에 따라서 얼마나 많은 사랑을 받
는가를 알 수 있다.

-존 레논, 폴 메카트니-

그
女

절대 안 된다고 생각하지말자.
안 된다는 생각이 당신의 머릿속에 단 1초라도 지배했을 때,
당신은 사랑을 얻을 수 있는 최소한의 가능성까지 완전히 버린 것이다.
            - 최군힙합 : 최윤홍 -

뒤늦게 깨달은 남자의 마음

남자는 장난끼가 아주 많았어...
그래서 늘 주변에 친구들이 많았고..
누구나 그와 어울려 다니길 좋아했지 ...!!
장난끼 가득한 웃음은 친구들과...
같은 과 여학생들에게 매력도 만점이었지
그런데 딱 한 사람 ....
그것을 아주 못마땅해 하던 사람이 있었는데
바로 남자의 연인이었어..
처음 만나기 시작하면서 그의 활달한 성격에 반했지만!!
그럴수록 유머 넘치는 그의 모습과 늘 그의 주변에서 맴도는
여자들 때문에 불안했던 거야...

그녀의 생일이었어...
많은 사람들이 그녀의 생일을 축복해 주기 위해서 모였고
생일 파티는 점점 더 분위기가 고조되었지.
그러다 파티의 정점으로 남자가 그녀에게
생일 선물을 주는 순서가 되었는데 모두들 기대가 많았어...
디자이너로서도 뛰어난 재능을 인정받는 남자였기에
어떤 선물일까 궁금했지.
근데 선물은...
온통 난도질 된 원피스였어...
남자의 농담과 장난기 어린 표정에 다들 웃고 말았지만

그날 이후로 남자는 그녀와 연락을 취할 수 없었지
너무나 화가 났던 그녀는 그와 헤어질 결심을 한 거야...
남자는 그녀의 마음을 풀어주기 위해
백일 동안 하루도 빠짐 없이
그녀에게 사과의 편지를 썼고
백일 동안 하루도 빠짐 없이
그녀의 집 앞에 장미꽃을 놓고 기다리다 돌아가곤 했어.
그렇게...
많은 날을 기다림 속에 괴로워하고서야
겨우 용서를 받을 수 있었지
"한 번만 더 장난을 치면 우리 사이는 끝이에요..."
그날 이후론!!!!
아무도...
그의 장난치는 모습을 볼 수 없었고,
아무도 그의 웃는 모습을 볼 수 없었지.
그러다 시간이 흘러 둘은 결혼을 약속했고
드디어 결혼식 하루 전날이었어
....
남자는 심혈을 기울여
그녀의 웨딩드레스를 직접 만들었고
그녀는 무척 큰 기대를 갖고 있었지...
결혼식 하루 전 그녀의 아파트에서...
남자는 모든 정열을 다 쏟아서 만든 드레스를 그녀에게 보여주었
어
기대에 가득 차 상자를 열어보던 그녀는...
얼굴이 차갑게 굳어버리며 말했지
"이번이 마지막 기회였어요..."
"...안녕..."

남자에게 단 한 마디 말할 기회도 주지 않은 채,
그녀는 집을 나가 버리고 말았지.
그 옷은...
하얀색 원피스로 된 미니스커트였어...
그녀는 긴 드레스를 만들어 달라고 말했었거든...

그 집 앞에서 며칠을 기다렸지만
그녀는 돌아오지 않았고
그렇게 둘의 사랑은 끝을 맺고 말았어.
세월이 흘러서 그녀는...
평범한 남자와 결혼을 했고
남들이 다 그렇듯 딸을 낳고
아주 평범한 아줌마로 세월을 보내고 있었지.
헤어진 지 10년째 되던 그날은...
초등학교 4학년인 그녀의 딸이 학교의 연극에서
공주역을 맡아 돌아왔고
딱히 입힐 옷이 없어서 고민을 하던 중이었어.
옷장을 구석구석 뒤지던 그녀는
옛날 그녀가 받았던 그 드레스를 꺼내게 되었고!!!!
체구가 비교적 큰 딸이지만 아직 어른 체형이 아니라
넉넉하게 내려오겠다 싶어서
아무 생각 없이 입혔지...
어린 딸애는 하얀색 드레스가 너무 마음에 들어서
옷을 입고는 빙글빙글 돌기 시작했지...
그 모습을 본
그녀의 눈에는 눈물이 하염없이 맺히기 시작했어...
아이가 한 바퀴 돌 때마다...
미니스커트가 한 단씩 밑으로 내려오는 거야...

끝내 펼쳐지고 만 화려한 웨딩드레스가...
남자는 그녀가 그 드레스를 입고
기뻐하며 빙글빙글 돌 거란 생각을 하며
그 드레스를 만들었던 거야...

(출처 : 인터넷에서 떠도는 글)

가장 즐겨 찾는 브랜드와
　　　　가장 꼴불견 이성 스타일은?

가장 즐겨 찾는 브랜드와

32 사랑은 전율할 수밖에 없는 행복이다.
　　　　　　　　　　　　　　　　-칼릴 지브란-

받으면 가장 행복할 것 같은 선물이 있다면?

34 사랑만 있다면 행복하지 않아도 살아갈 수 있다.

-도스토예프스키-

네가 자주 가는 곳을 알고 싶어? 나두 단골 될래

36 사랑, 이것이 스스로를 바치는 것을 뜻한다면 인간이 가지는 가장
신선한 것.

-로랑-

첫사랑 하면 아련히 떠오르는

38 성애(性愛)에는 다양한 요구가 있지만 사랑에는 전혀 아무런 요구도 없다.

-테오도르 레이크-

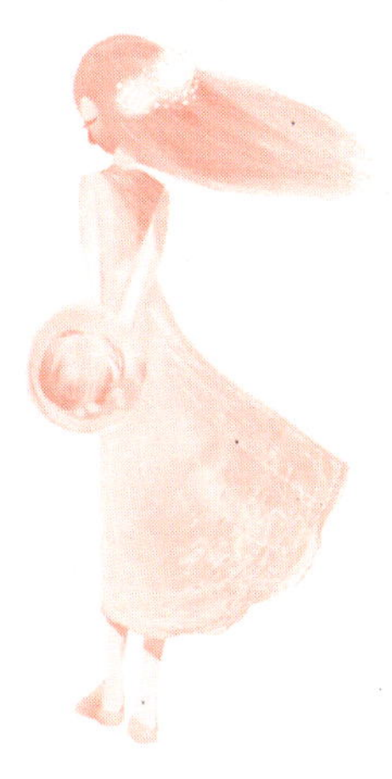

흡연과 음주에 대한

　너의 생각은 어때, 그리고 너의 주량은?

 사랑을 위해서 성애를 강요해서도 안 되고 성애를 위해서 사랑을 강
요해서도 안 된다.

-메리 맥카시-

네 인생의 한켠에
감동으로 남아 있는 책이 있다면?

네 인생의 한켠에
감동으로 남아 있는 책이 있다면?

인생에서 슬픈 일은 누군가를 만나고 그 사람이 당신에게 소중한 의
미로 다가왔지만...
결국 그 사람과 함께 하지 못한다는 사실을 인정하는 것입니다.

가장 너답게 보일 때가 언제라고 생각해?

44 사랑은 명령하는 것이다.

-라틴 속담-

○ 절대로 … 많은 것을 바라지 마세요
아니 아무것도 바라지 마세요
그렇지 않으면 너무 지쳐 버리거든요

● 절대로 … 그 마음을 감추려 하지 마세요
말하지 않으면 아무것도 알지 못한답니다
서로의 감정을 느끼면서도 불안해 하고 힘들어
하는 건 필요없는 여백일 수 있거든요
그 시간만큼 서로 기뻐할 수 있도록 필요없는
여백을 두지 마세요

○ 절대로 … 너무 많이 표현하지 마세요
아껴두는 것도 때론 꼬옥 필요하답니다
너무 흔한 건 가치가 없는 법이니까요

● 절대로 … 서두르지 마세요
서두름은 이별의 화근이 될 수도 있으니까요
조금씩 천천히 그렇게 알아가는 거예요
그러면 행복이 두 배가 되거든요
쉽게 지치고, 쉽게 싫증이 나지 않도록 절대로 서두
르지 마세요

○ 절대로 … 단계를 뛰어넘지 마세요
1단계 다음엔 2단계가 있어야 하고 2단계 다음엔
3단계가…
단계를 뛰어넘게 되면 그만큼의 설레임과 기쁨이 감
소한답니다

●절대로 … 좋아하는 사람의 일상에 많이는
간섭하지 마세요
거부감이 생길 수도 있으니까요
자유를 갈망하게 되면 그때부터 이별이 될지
모르거든요

○절대로 … 좋아하는 사람의 과거를 들추지 마세요
어떤 사랑을 했건, 어떤 이별을 했건, 잊었건, 잊지 못
했건, 인정해 주고 이해해 주면 함께 나눈다면, 그것만
큼 행복한 사랑을 없을 테니까요

●절대로 … 비밀은 너무 많이는 갖지 마세요
비밀이 하나도 없다면 그건 실망스러운 일일 수 있어요
그지만 비밀이 너무 많다면
그건 그 사람에게 상처를 주는 일이 되어 버린답니다
많은 부분을 그 사람과 함께 그때 서로가 행복함을 느낄
수 있으니까요

○절대로 … 하루에 단 한 번의 연
락이 없으면 안 되요
그 사람이 잘 지내고 있는지, 어려운 일
은 없는지
좋아하는 사람의 안부를 알고 싶은 건
당연하고 중요한 일이니까요
그것뿐이겠어요 불안해 할 수도 있는
그 사람에게, 아직도 좋아하고 있다는
확신을 줘야 하니까요
하루에도 몇 번씩, 적어도 한 번은 확
신을 시키는 것이 무척이나 중요하
니까요

●절대로 … 거짓말은 하지 마세요
신뢰, 이거 또한 무척이나 중요하지요
서로에 대한 믿음과 확신이 없는 만남은 어떤 포장을 하고 있
을지라도 가치가 없답니다
그 사람을 속이는 것은 자신을 속이는 것과 마찬가지니까요
그 사람의 곁에 없을 때 그 사람을 속였다는 것보다도
자신을 속였다는 것에 훨씬 더 맘 아플 수 있으니까요

○절대로 … 모든 걸 그 사람만을 위해서 하지는 마세요
가끔은 자신을 위한 시간이 필요하답니다
그래야 그 사람이 곁에 없을 때 그 빈 자리가 많이 크지
않을 테니까요
가끔은 자신을 위해 할 수 있는 것을 그 사람에게 요구하
세요
그러면 오히려 고마워하게 된답니다
좋아하는 사람을 위해서 무언가를 해줄 때의 기쁨이란 도
무지 말로 표현할 수가 없는 것이지요

●절대로 … 그 사람을 불안하게 하지 마세요
확신이 있어야만 합니다
그렇지 않음 서로가 힘들어지거든요
이별을 생각해 버릴 수도 있으니까요

○절대로 … 그 사람을
잡아두지는 마세요
언제든 떠날 수 있도
록, 편한 맘으로 떠날
수 있도록 준비해 두세요
좋아하는 사람이 행복해지는 거,
그것만큼 기쁜 일이 또 있을까요

●절대로 … 한 사람 외에는 사랑하지 마세요
한 사람을 완전히 사랑한다는 거, 무척 힘든 일이지요
그런데 동시에 한 사람 이외의 사람까지 좋아한다는 건 도
무지 이해할 수 없는 일이거든요
한 사람이 무지무지 좋다면 그 사람에게만 충실하세요

○절대로 … 좋아하는 감정의 변화를 감추지 마세요
그 사람이 걱정돼 자신이 나쁜 사람이 될까봐...
등등의 이유로 좋아하는 감정이 사라진 맘을 말하지 않
는 건 그 사람을 더 비참하게 한답니다

●절대로 … 멀어지는 거리를 길게 두지 마세요
언제든 떠나야 할 때는 당당하게 말하는 겁니다
멀어지는 거리를 느끼게 하는 거, 그것만큼 그 사람을
힘들고 외롭게 하는 일도 없을 거예요
곁에 있어도 외로움을 느끼게 하는 건 나쁜 일입니다
정말로 죽기보다 싫은 일이지요

(출처 : 인터넷에서 떠도는 글)

50 진짜 유일한 마술, 유일한 힘, 유일한 구원, 유일한 행복, 사람들은 이것을 소위 사랑하는 것이라고 부른다.

-헤르만 헤세-

52 나의 사랑이여, 이리로 오라. 나 여기 이곳에 있노라. 이리도 애절한 가락으로 너에게 알려준다. 이 애처로운 부름은 너를 위한 것, 애인이여.
-휘트먼-

 사랑은 탐색이다. 결혼은 정복이다. 이혼은 심판이다.
-헬렌 호우런드-

별자리와 운세

양자리(Aries) 3월 21일 ~ 4월 20일생

행운의 수 : 9   행운의 색　: 빨간색
행운의 꽃 : 튜울립   행운의 보석 : 다이아몬드

이 별자리에 속하는 사람은 정의감이 넘친 강한 생명력을 가진
다. 어떠한 분야에서도 제 1인자로서 실력을 발휘할 수 있는 통
솔력이 있다.
그러나 그 방법에 있어서 너무 성급하거나 이론만 앞서가기 때문
에 주위사람들에 대한 작은 배려를 하지 못해 예상하지 못한 실
패를 하는 수도 있다. 그 결과 모처럼 얻은 천부의 재능을 다 써
보지도 못하고 좌절하는 경우가 생길 수도 있다.

황소자리(Taurus) 4월 21일 ~ 5월 20일생

행운의 수 : 6   행운의 색　: 초록색
행운의 꽃 : 제비꽃   행운의 보석 : 에머랄드

온후한 성격과 성실한 인간관계로 위험한 모험보다는 안전한 길
을 택해 신중한 인생을 살아가려는 것이 황소자리에 속하는 사람
들의 특징이다.
사물들을 심각하게 생각하지 않으며 커다란 흐름에 거스리지 않
고 주위와의 조화를 지키려고 한다. 따라서 적도 적고 편안한 환
경이 보장되기만 한다면 주위의 사람들과 어울려 온화하고 평화
로운 생활을 해나간다.

쌍둥이자리(Gemini) 5월 21일 ~ 6월 21일생

행운의 수 : 5   행운의 색　: 노란색
행운의 꽃 : 레몬꽃   행운의 보석 : 마노

재치가 풍부하고 자유로운 생각과 결단력을 가지고 있다. 한 곳
에 정착하는 것을 좋아하지 않으며 무엇인가에 몰두하는 일이 드
물다. 분위기에 맞는 적절한 생각과 행동을 하지만 단조롭고 따
분한 환경은 좋아하지 않는다.
자기 안에 있는 여러 가지 모순된 요소를 자신의 의지에 의해 하
나의 힘으로 합칠 수만 있다면 뜻대로 진가를 발휘할 수 있을 것
이다.

게 자리(Cancer) 6월 22일 ~ 7월 22일생

행운의 수 : 2　　　　　　　행운의 　색 : 흰색
행운의 꽃 : 연꽃　　　　　　행운의 보석 : 진주

마음이 굳고 성실하며 가정적인 성격의 소유자이다. 따라서 사람
들과의 관계에 있어서도 모가 나지 않으며 환경에 대한 순응력이
뛰어나다.
목적을 달성하는 데 있어서도 남의 행동과 의지에 융통성 있게
반응하여 안전한 결과를 얻으려고 노력한다.
자기와 남과의 구별이 명확하지 않으며 남의 일이나 물건도 자신
의 것인 양 책임감을 가지고 행동한다.

사자 자리(Leo) 7월 23일 ~ 8월 22일생

행운의 수 : 1　　　　　　　행운의 색 　: 노란색
행운의 꽃 : 해바라기　　　　행운의 보석 : 루비

명쾌한 성격과 뜨거운 열정을 가진 사자 자리의 사람은 언제나
명랑하며 남의 관심의 대상이 되는 것을 좋아한다.
천성의 순진함으로 때로는 자기 만족에 빠지거나 허영에 찬 사교
세계에 젖어들 위험성이 있다. 그러나 자기의 성격을 누르고 열
심히 노력한다면 의지의 정도에 따라 어떤 곤란한 어려움도 밀어
부치고 목적을 향해 매진할 수 있으며 사람들로부터 압도적인 인
기를 얻을 수도 있다.

처녀 자리(Virgo) 8월 23일 ~ 9월 22일생

행운의 수 : 5　　　　　　　행운의 색 　: 회색
행운의 꽃 : 은방울꽃　　　　행운의 보석 : 사파이어

처녀 자리의 사람은 섬세하며 순수한 정신을 간직하고 있다. 그
래서 자기를 희생하여도 여전히 모든 일에 헌신적인 사명감
을 가지고 성의를 다한다.
일을 행함에 있어서는 보다 높고 완전한 수준을 향하여
일로 매진하며 결코 중도에서 포기하거나 좋은 형편의
현실과 타협하지 않는 결벽증을 가지고 있다. 희망과
꿈의 세계는 늘 이러한 사람들의 무한한 봉사정신을
요구하고 있다.

천칭 자리(Libra) 9월 23일 ~ 10월 21일생

행운의 수 : 6　　　　　　　　행운의 색　　: 핑크
행운의 꽃 : 장미　　　　　　행운의 보석 : 오팔

이 별자리에서 태어난 사람은 균형 잡힌 우아한 세계에 안주하기
를 바란다. 온화한 인간관계로 다툼을 좋아하지 않으며 주위 사
람들과 사회와의 조화를 생각해서 그 누구라도 사랑할 수 있다.
아울러 천칭 자리의 냉철한 이성은 극단적인 행동을 거부하고 항
상 품위있는 태도를 유지하려고 한다. 자신이 원하는 이러한 세
계를 위해 자존심과 욕망을 표면에 내세우지 않고 평화롭고 균형
잡힌 환경을 유지하는 데 최선을 다한다.

전갈 자리(Scorpius) 10월 22일 ~ 11월 21일생

행운의 수 : 0　　　　　　　　행운의 색　　: 검정
행운의 꽃 : 민들레　　　　　행운의 보석 : 토파즈

사물의 이면성을 의식하여 탐구를 계속해 나가는 것이 이 별자리에
속한 사람들의 특징이다. 이들이 가지고 있는 세계는 비밀이 가득 차
서 그 속을 해석하기가 쉽지 않다. 침착한 통찰력과 신중한 행동은
밖으로 눈에 띄는 것이 아니며 내면 깊은 곳으로 행해지는 것이다.
따라서 비사교적이며 말수가 적고 겸허한 표현밖에 할 수 없어 남에
게서 과소평가를 받기도 하지만 일단 반격에 나서면 그 힘은 상대를
철저히 두들길 만큼 강렬하다. 전갈자리에는 겸허한 감각과 존엄함
이 늘 함께하고 있다.

활잡이 자리(Sagittarius) 11월 22일 ~ 12월 21일생

행운의 수 : 3　　　　　　　　행운의 색　　: 오렌지색
행운의 꽃 : 카네이션　　　　행운의 보석 : 터키석

천진난만한 밝음과 다른 일에 일체 신경쓰지 않고 한 곳으로 돌
진하는 행동력을 가지고 있다.
이러한 성격은 온갖 경험을 원하고 풍부한 지식을 획득해 힘찬
생활인을 만들어 낸다. 보다 넓게, 보다 멀리, 보다 깊게 그리고
보다 많이 인생을 확실히 즐기려 할 것이다. 게다가 민첩한 행동
력으로 목적을 향해 화살처럼 전진해 나간다. 하찮은 것에 고민
하거나 과거의 상처따위를 되돌아보는 일은 하지 않는 것이 또한
이 별자리에 속한 사람의 특징이다.

염소 자리(Capricornus) 12월 22일 ~ 1월 19일생

행운의 수 : 4	행운의 색 : 갈색
행운의 꽃 : 히아신스	행운의 보석 : 가네트

처음 보기에는 온화하고 얌전하게 보이지만 그 이면에는 격렬한 공격성을
감추고 있는 것이 염소자리에 속한 사람들의 특징이다.
목적에 도달하기 위해서는 주의깊게 한 걸음 한 걸음 안전한 방법을 선택
하면서 결국에는 승리를 얻는다.
꾸준한 자기 향상의 마음은 가능한 한 위험을 피하고 정해진 야망을 향해
참을성 있게 쉬지 않고 나아가는 노력을 행한다. 이러한 성격 때문에 마음
에 드는 친구를 얻기가 어렵고 주위에서 고립되어 버릴지도 모른다.

물병 자리(Aquarius) 1월 20일 ~ 2월 19일생

행운의 수 : 7	행운의 색 : 보라
행운의 꽃 : 수선화	행운의 보석 : 자수정

이 별자리에 속한 사람은 항상 집단 가운데 있으며 대중과 함께 생각하고 행
동하는 것을 바란다. 물병자리 사람의 의지를 결정하는 것은 그 주위에 몰려
있는 사람들이다. 대중을 사랑하고 그들을 위해서는 생명조차도 내던질 수
있다고 생각한다.
사회 일반의 도덕관보다는 인간 전체의 고뇌를 이해하려고 한다. 그리고 그
것이 사회적으로 더 가치있는 일이라고 본다. 결국 혁명가가 되려고 하지도
않고 평범한 민중으로 인생을 마치려고도 하지 않는다.

물고기 자리(Pisces) 2월 20일 ~ 3월 20일생

행운의 수 : 8	행운의 색 : 파란색
행운의 꽃 : 아네모네	행운의 보석 : 진주

이 기간에 태어난 사람은 정신적으로든 물질적으로든 철저하려고 하는
타입이다. 그렇게 함으로써 충분히 자기 자신도 만족할 수 있다. 가령
장사를 하면서 사람들과 사귈 경우 그 포용력
이 진가를 발휘한다면 깊은 충족감을 맛
볼 수가 있겠지만 만약 그렇지 못하다
면 생각지 않은 실패를 떠맡아 버리게
된다.
주위와 친절한 인간관계를 유지하기
는 하나 다른 사람들을 쉽사리 믿기
때문에 인생에 있어서 여러 차례 속
임을 당하거나 손해를 본다.

°⌒♡♥ 너에게만 궁금한 이야기들♥♡⌒°

추억의 사진을 붙이세요

너의 눈에 가장 사랑스러워 보였던
　　　　　내 모습은 언제야?

너의 눈에 가장 사랑스러워 보였던
　　　　　내 모습은 언제야?

누군가에게 첫눈에 반하기까지는 1분밖에 안 걸리고 누군가에게 호감
가지게 되기까지는 1시간밖에 안 걸리며 누군가를 사랑하게 되기까지
는 하루밖에 안 걸리지만...
누군가를 잊는 데는 평생이 걸립니다.

당신을 사랑합니다. 있는 그대로의 당신뿐 아니라 당신과 함께 있을 때의 나도 사랑합니다. 당신을 사랑합니다. 당신이 당신을 만들어가는 것뿐 아니라 당신이 만들어 가는 나의 모습 때문에 당신을 사랑합니다.

-로이 크룻츠-

64

나와 헤어지고 난 뒤 보내는 너의 시간이 궁금해?

나와 헤어지고 난 뒤 보내는 너의 시간이 궁금해?

그 男

진정한 사랑은 상대방이 잘 되길 바라는 것이다. 낭만적 사랑은 단지 상대방이 있기만을 바라는 것이다.

-마가렛 앤더슨-

71

너에게 쓰는 편지
내가 잘못한 점이나 서운한 점, 또는 꼭 하고 싶은 말을 쓰세요

73

이런 점은 네 마음 속에 쏙...
　그런 나의 모습이 있다면?

이런 점은 네 마음 속에 쏙...
　그런 나의 모습이 있다면?

사랑의 반대말은 무관심이다.

74

-발자크-

함께 있는 동안의 나의 장단점 꼬집어 주기

가장 행복한 사람들은 모든 면에서 가장 좋은 것을 가지고 있는 것은
아닙니다.
그들은 단지 대부분의 것들을 저절로 다가오게 만듭니다.

78

전혀 사랑하지 않는 것보다는 사랑을 하고 실연을 당하는 것이 더 낫다.
-알프레드 테니슨-

그
男

가장 하고 싶은 커플룩이 있다면 어떤 거야?

80 　용서하는 것은 가장 고결하고 가장 아름다운 사랑의 형태. 용서는 이 세상에서 듣지 못할 평화와 행복을 그 보답으로 주나니.

-로버트 뮬러-

만약에 말야... 사랑과 우정 사이의
그 갈림길에 놓인다면?

 존중하지 않는 곳에서는 우리의 사랑도 끝난다.
-벤자민 디즈레일리-

슬프지만, 정말 사랑해도 헤어질 수 있을까?

그
男

가장 슬프게 펑펑 울었던 때가 언제야?

86 사랑의 기원, 오! 그 매정한 질문을 해야 하나요? 그대를 바라보는 바로
그 순간부터 모든 이의 가슴에서 사랑이 솟는군요.

-바이런-

당신 때문입니다

연인에게 어떤 선물을 받고 싶냐고 물어본다면
당신의 관심이 부족했기 때문입니다.

연인이 부담을 느낀다면
당신의 사랑이 너무 컸기 때문입니다.

연인이 성격이 안 맞는다고 느낀다면
당신과의 대화가 부족했기 때문입니다.

연인이 이별을 말한다면
당신과의 이별을 준비했기 때문입니다.

연인이 헤어진 후에 전처럼 웃는다면
당신을 더이상 그리워하지 않기 때문입니다.

연인과 헤어진 후에 마음이 아프다면
당신이 사랑의 대가를 치루는 것이기 때문입니다.

연인과 헤어진 후에
같이 다니던 곳을 둘러보고 흔적을 남긴다면

당신이 우연의 만남과 흔적을 봐주길 바라는 마음 때문입니다.

연인과 헤어진 후에 연인의 집 앞에 서 있는다면
당신의 보이지 않는 그리운 마음 때문입니다.

연인과 헤어진 후에 연인의 환상이 보인다면
당신이 아직도 사랑하고 있기 때
문입니다.

연인과의 사랑의 시작과 끝은 당신
때문입니다.

(출처 : 인터넷에서 떠도는 글)

설마 내가 100번째?

내가 저장되어 있는 너의 휴대폰 단축번호는?

설마 내가 100번째?

 사랑으로 나를 휘감아 주오. 아름답고 소중한 여인아, 팔과 다리로. 보드
라운 몸으로.

-하이네-

내 사랑하는 이여, 그대에게 2인칭으로 말한 나를 용서해다오. 왜냐하면 그대는 내 아름다운 반쪽이며, 우리가 신의 신성한 손에서 나온 이래 반쪽인 그대 없이 살아왔기 때문이다. 내 사랑하는 이여! 나를 용서해다오.
　　　　　　　　　　　　　　　　　　　　　　　-칼릴 지브란-

나에게 가장 잘 어울리는 패션 스타일은?

내가 원하는 대로 당신의 사랑을 받을 수만 있다면 이 위대한 지구 위에
서 그 무엇이 두렵겠습니까?

-테니슨-

내게 바라는 너의 소망과 바람이 있다면?

오, 기막힌 아름다움이여! 더욱 찬란하고 더욱 아름다운 그 입술을 통하여! 귀여운 너에게 내 독액을 밀어넣기 위하여!

-보들레르-

나 바람피면 어떻게 되는 거야?
　　　죽느냐 사는냐 그것이 문제로다???

꿈꾸고 싶은 것은 마음대로 꿈을 꾸세요.
가고 싶은 곳은 어디든 가세요.
되고 싶은 것은 되도록 노력하세요.
왜냐하면 당신이 하고 싶은 일을 모두 할 수 있는 인생은 오직 하나이고
기회도 오직 한 번뿐이니까요.

기약도 없이 아, 이별을 한다. 실패한 쓰라린 운명의 예감을 안고, 어찌
할 수 없는 장미는 애처로이 손에서 시들어 가고 불안에 싸인 마음은 안
식과 어둠을 찾는다.

-헤르만 헤세-

100

그
男

102 　사랑으로 자신의 집이 세워지기를 신은 바라고 있네. 인간들은 구름 속
으로 집을 지어올려 그것으로 벽돌의 승리를 만들고 있네.
-타고르-

그
男

고백론

1. 사전적 의미
고:백 (告白)[명사][하다형 자동사 · 하다형 타동사]
마음속에 숨기고 있던 것을 털어놓음.
그녀에게 사랑한다고 고백했다 .

2. 고백 방법의 종류
구두(말)로 고백
글로 고백
행동으로 고백
타인의 힘으로 고백
간접적 고백, 직접적 고백
선물로 고백 기타 등등
★고백의 여러 방법은 연애교과서 참조★

3. 고백 타이밍
첫눈에 보고 반해 연락처를 알게 되고 연락을 하게 되었
을 경우 최대 3개월을 넘기지 마라.

같은 공간 마음에 드는 그녀, 지켜보다 고백과 동시에 허
락과 얼마간의 기다림만이 수용되어야 한다.

짝사랑 상대의 경우는 고백과 동시에 짝사랑 종결 혹은
완전 상황 종결이다.

친구에서 연인으로의 경우, 고백과 동시에 친구 관계마저

깨질 수 있으니 신중에 신중을 가해야 할 것이다.

친구의 친구인 경우, 친구를 이용하는 것도 좋은 방법이나 직접 고백하는 것이 더 효과적이며, 시기 역시 너무 편한 친구란 인식을 심어주기 이전이 좋다.

상대방이 나를 좋아할 것 같다는 확신이 없는 경우 조금 더 고백할 타이밍을 미룰 필요도 있으나 너무 미루어선 안 된다.

4. 고백 리스크

고백과 동시에 원하지 않은 부담스러움이 찾아올 수 있다.

너무 빨리 쉽게 고백하여 고백의 믿음을 저하시킬 수도 있다.

고백은 감정의 선언이지, 빠른 기간 확답을 요구하는 요구적 행동이 아니다.

고백 전 사랑한다는 말은 금물이다. 사랑해서 사귀고 싶다는 말은 상대방에게 너무 큰 부담을 안겨줌과 동시에 쉬운 사랑으로 오인받는다.(좋아한다, 관심있다로 시작하라) 평소 친분 관계가 있고 오랫동안 지켜봤던 사이라면 예외.

5. 고백시 주의 사항

빠른 답을 요구하지 마라.

문자나 친구를 시켜 고백하지 마라.
되면 되고 말면 말고 식의 고백은 피하라. 잘 되어도 고민
이 될 수 있으니 말이다.

일부로 한번 튕겨 볼 수도 있다는 사실을 염두해 두어라.

취중 진담은 피하라.

6. 고백 기술
같은 공간의 상대방이라면 미리 어느 정도는 정보를 확보
한 후에 고백하라.
애인이 있는지, 현재 심적 상황이 어떤지, 나에 대해 조금
이라도 아는지.

생각할 시간을 달라는 말은 그나마 긍정이니 기다릴 줄
아는 여유를 가지도록.

고백도 설득이다―좋은 모습을 보이고, 합당한 이유와 낙
관적 미래를 제시함으로써 설득시킬 수도 있다.

고백 현재 시점보다 고백하기 전 시점의 중요성을 인지하
고 있어야 한다.

집착적 고백은 피하라. 고백부터 짜증난다면…

1차적 고백-사귐과 상관 없이 관심을 표명하는 단계
2차적 고백-사귐을 권유하는 고백
3차적 고백-감정을 표현하는 고백
4차적 고백-상황에 따라 확인시켜 주는 고백
5차적 고백-결혼, 약혼을 권유하는 고백

"고백에 실패했다고 모든 것을 포기하려 하지 마라...고백은 어디까지나 고백일 뿐이다. 예수도 고백에 실패했으며 석가도 고백에 실패했다. 모든 사람에게 다 성공할 수 있는 고백은 없다. 고백 역시 자신의 감정일 뿐이기에 말이다..."

고백의 허락보다 더 중요한 것은 바로 고백하는 당신의 마음이다.

(송창민 님의 글)

�◠♡♥ 1+1=2 아냐 너와 난 하나 ♥♡�◠

추억의 사진을 붙이세요

�◠♡♥ 1+1=2 아냐 너와 난 하나 ♥♡�◠

당신이 날 꼭 사랑한다면 오로지 사랑만을 위한 사랑이길! 이렇게 말하진 말아요. 내가 그녀를 사랑한 건 그녀의 미소, 외모, 고운 말씨 때문이라고.

-브라우닝-

가장 너에게 감동을 줬던 나의 행동이 있었다면?

가장 너에게 감동을 줬던 나의 행동이 있었다면?

진정한 친구란...
그 사람과 같이 그네에 앉아 한 마디 말도 안 하고 시간을 보낸 후 헤
어졌을 때,
마치 당신의 인생에서 최고의 대화를 나눈 것 같은 느낌을 주는 사람입
니다.

이럴 땐 나와의 만남을 후회한 적 있어...

114 사랑하는 것을 가질 수 없을 때는 가진 것을 사랑하라.
-루시라 부틴-

날 말야... 정말 사랑하고 있다는 생각이 들어?

116

그女

돈 없어도 행복하게 보낼수 있는
커플 놀이가 있다면 뭘까?

돈 없어도 행복하게 보낼수 있는

118 사랑을 이야기하면 사랑을 하게 된다.

-W. G. 베넘-

헤어진 사람과 친구로 지낼 수 있니?

외모만을 따지지 마세요...
그것은 당신을 현혹시킬 수 있습니다.
재산에 연연하지 마세요...
그것들은 사라지기 마련입니다.
당신에게 미소를 짓게 할 수 있는 사람을 선택하세요.
미소만이 우울한 날을 밝은 날처럼 만들 수 있습니다.

친구의 애인을 사랑해 본 적이 있니?

122 사랑의 빚 이외에는 아무에게도, 아무 빚도 지지 마라.

-성경-

가슴속에 담아야 할 15가지 메시지

첫 번째 메시지
남자는 여자의 생일을 기억하되 나이는 기억하지 말고,
여자는 남자의 용기는 기억하되 실수는 기억하지 말아야
한다.

두 번째 메시지
내가 남한테 주는 것은 언젠가 내게 다시 돌아온다.
그러나 내가 남한테 던지는 것은 내게 다시 돌아오지 않
는다.

세 번째 메시지
남편의 사랑이 클수록 아내의 소망은 작아지고,
아내의 사랑이 클수록 남편의 번뇌는 작아진다.

네 번째 메시지
먹이가 있는 곳엔 틀림없이 적이 있다.
영광이 있는 곳엔 틀림없이 상처가 있다.

다섯 번째 메시지
달릴 준비를 하는 마라톤 선수가 옷을 벗어던지듯
무슨 일을 시작할 때는 잡념을 벗어던져야 한다.

여섯 번째 메시지
두 도둑이 죽어 저승에 갔다.
한 도둑은 남의 재물을 훔쳐 지옥엘 갔고,
한 도둑은 남의 슬픔을 훔쳐 천당에 갔다.

일곱 번째 메시지
남을 좋은 쪽으로 이끄는 사람은 사다리와 같다.
자신의 두 발은 땅에 있지만 머리는 벌써 높은 곳에 있다.

여덟 번째 메시지
행복의 모습은 불행한 사람의 눈에만 보이고,
죽음의 모습은 병든 사람의 눈에만 보인다.

아홉 번째 메시지
웃음소리가 나는 집엔 행복이 와서 들여다보고,
고함 소리가 나는 집엔 불행이 와서 들여다본다.

열 번째 메시지
황금의 빛이 마음에 어두운 그림자를 만들고,
애욕의 불이 마음에 검은 그을음을 만든다.

열 한 번째 메시지
어떤 이는 가난과 싸우고 어떤 이는 재물과 싸운다
가난과 싸워 이기는 사람은 많으나 재물과 싸워 이기는
사람은 적다.

열 두 번째 메시지
느낌 없는 책 읽으나 마나, 깨달음 없는 종교 믿으나 마나.

진실 없는 친구 사귀나 마나, 자기 희생 없는 사랑 하나
마나.

열 세 번째 메시지
마음이 원래부터 없는 이는 바보이고,
가진 마음을 버리는 이는 성인이다.
비뚤어진 마음을 바로잡는 이는 똑똑한 사람이고,
비뚤어진 마음을 그대로 간직하고 있는 이는 어리석은 사
람이다.

열 네 번째 메시지
누구나 다 성인이 될 수 있다
그런데도 성인이 되는 사람은 아무도 없다.
자신의 것을 버리지 않기 때문이다.

열 다섯 번째 메시지
돈으로 결혼하는 사람은 낮이 즐겁고,
육체로 결혼한 사람은 밤이 즐겁다.
그러나 마음으로 결혼한 사람은 밤낮이 즐겁다.

(출처 : 인터넷에서 떠도는 글)

나 떠난다면 너의 마음 속엔
　　　슬픔의 장마가 올 거 같니?

샘물은 강으로 이어지고, 강물은 바다로 이어지며 천상 바람과 영원히
함께 하는 것은 사랑의 바람 세상 어느 것도 혼자는 없으니 모든 것 신의
뜻에 따라 한 영령으로 만나고 섞이리라.

　　　　　　　　　　　　　　　　　　　－셸리－

숨기고 아꼈던 나에 대한 이야기 말해주기?

숨기고 아꼈던 나에 대한 이야기 말해주기?

부주의한 말은 싸움을 일으킬 수 있습니다.
잔인한 말은 인생을 파멸시킬 수도 있습니다.
시기적절한 말은 스트레스를 없앨 수 있습니다.
사랑스런 말은 마음의 상처를 치료하고 축복을 가져다 줍니다.

우리의 이야기들 중 휴지통에 버리고 싶은 그런
이야기가 있다면?

나는 운명이 두렵지 않습니다. 나는 세계가 필요하지 않습니다. 달이 늘
의미해 왔던 것이 바로 당신이요, 해가 늘 부르게 될 노래가 바로 당신입
니다.

-E. E. 커밍즈-

과연 사랑에도 유통기한이 있을까?

항상 자신을 다른 사람의 입장에 두세요.
만약 당신의 마음이 상처받았다면
아마 다른 사람도 상처받을 겁니다.

만약 우리의 궁합이
　　천생 악연으로 나온다면 어떻게 할 꺼야?

당신을 얼마나 사랑하느냐고요. 헤아려 보겠어요. 참된 존재와 이상적인
미(美)의 보이지 않는 끝자락을 내 영혼이 더듬어 찾을 때...
　　　　　　　　　　　　　　　　　　　　　　　　　　　－브라우닝－

ユ
文

내가 무진장 보고팠던 적이 있었다면 언제야?

샘물은 강으로 이어지고, 강물은 바다로 이어지며 천상 바람과 영원히 함께 하는 것은 사랑의 바람 세상 어느 것도 혼자는 없으니 모든 것 신의 뜻에 따라 한 영령으로 만나고 섞이리라.

-셸리-

139

그
男

사랑은 미소로 시작하고 키스로 커가며 눈물로 끝을 맺습니다.
당신이 태어났을 때...
당신 혼자만이 울고 있었고
당신 주위의 모든 사람들은 미소짓고 있었습니다.
당신이 이 세상을 떠날 때는 당신 혼자만이 미소짓고
당신 주위의 모든 사람들은 울도록 그런 인생을 사세요.

♥진실된 마음과 믿음으로 당신을 사랑하겠습니다.

♥슬플 때 기쁨이 되어주며, 기쁠 때 축복이 되어드리
겠습니다.

♥우리가 함께함에 행복해질 수 있도록 노력하겠습니
다.

♥이해와 배려로 서로의 마음을 따뜻하게 감싸줄 것임
을 약속드리겠습니다.

♥사랑 그대로의 눈으로 당신을 바라보겠습니다.

♥사랑은 함께하는 것, 이기적인 눈으로가 아닌 함께
같은 곳을 바라보겠습니다.

♥그렇게... 그렇게 우리의 아름다운 이야기들을 만들
어 가겠습니다.

년　　월　　일

________ 와 ________의 아름다운 약속

서명란(그 남) : ________

서명란(그 녀) : ________

˚⌒♡♥ 알아 두면 좋은 글 ♥♡⌒˚

알아 두면 좋은 글

기대 없이 찾아온 인연에 젖어들고

그 편안함에 기대고

소리없이 마음의 문을 열어가는

시끄럽거나 화려하지 않은 관계 속에서

사랑이 싹터가는 그런 경우.

때로는 그렇다.

상상 속에 존재하는 아름답고 화려한 사랑이 아닌,

내 이웃 같은 그녀와 사랑에 빠지고

소탈함을 행복이라 믿으며…

잔잔한 물결과 같은 파동으로 더욱 깊게 사랑하는

그런 로맨스를 경험하기도 한다.

다만 화려하지 않음에

우정이었다

변명할 뿐...

그 소탈함의 행복을

대변할 사랑의 새로운 시작에 대한

핑계일 뿐...

때론 우정같은 사랑도

애절한 로맨스였음을...

"풀잎에 이슬이 맺히
듯...원래 그랬기 때
문에 그런 것이 아니
라 어쩌면 이슬이 풀잎을 사랑했
기에 맺혀 있을 수도 있는 법이
다."

맨 처음 스티커 사진 찍을 때의 어색한 감이 조금씩 적응
되어 갈 때

이젠 사진 찍는 모습의 표정과 포즈도 다양화되어 가기
시작한다.

조금씩 늘어가는 사진은 두세 번 보던 관점에서 벗어나
한두 번 보고 어딘가 쳐박히게 시작하며

자주 찍던 스티커 사진기에 들어가는 횟수도 조금씩 줄어
들기 시작 한다.

조금 더 시간이 흐른 어느 날 붙여 놓았던 스티커 사진을
한두 장씩 떼기 시작하고

전에 찍었던 스티커 사진이 어디에 있는지 찾지 못할 때
가 오기 시작하며

처음에 친구들에게 사진을 자랑하던 내 모습도 조금씩 사
라 져가기 시작할 때가 오고

그렇게 다시 사진을 찍을 상황은 없어져가고 같이 찍을
사람도 사라져 가게 된다...

오래된 스티커 사진기는 알리라... 얼마나 많은 사람이 저
렇게 이별해 갔는지...

"즐거운 추억을 찍는 스티커 사진기가... 가슴 아픈 추억
을 회상하는 사진을 찍는 스티커 사진기가 되기도한다...
다시 즐거운 추억을 찍는 스티커 사진기로 그녀와 함께
들어가고 싶지만 그녀는 없다.
내 미련만 남아 있을 뿐...

♥ 이 별

너의 작은 손 꼭 잡고...
놓치지 않으리라 홀로 다짐했던 그날을 나는 아직 기억합
니다.

이제 다신 그 손을 잡을 수 없습니다.

우연스럽게 마주치지 않는 이상 볼 수도 없습니다.

본다고 해도 멀리서 멍하니 바라만 봐야겠죠...

아직도 내가 부르면 내게 달려와

우리의 이야기를 만들 수 있으리란 착각 속에 빠지곤 합
니다.

그렇게 오랫동안 사랑이란 걸 했지만

추억 속에 가슴 아파 하는 일이 지금 내가 할 수 있는 전
부인가 봅니다.

이별은 우리를 성숙시키고
추억을 만들어 준다 누군가 말을 한다.

그러나

이별은

술 취한 밤
나를 무너지게 만들고
받지 않는 전화기에 대고 혼잣말을 하게 만들고
남자인 나를 울게 만들며
비슷한 여자만 봐도 그녀가 아닐까 란 착각에 빠지게 만
들며
담배를 끊지 못하게 만든다...

더 아픈 건

다시는
너와 사랑으로

이 세상에 함께 할 수 없다는

사실을

살면서 가슴에 더더욱 깊이 새겨준다는 것이다.

너와 내가 꾸며갈 아름다운 이야기...

커플북

1판 1쇄 인쇄	2004년 5월 20일
1판 1쇄 발행	2004년 5월 30일
1판 3쇄 발행	2020년 2월 20일

지은이　　김범석, 송창민
편집　　　김범석
일러스트　이용인

펴낸이　　김영길
펴낸곳　　도서출판 선영사
주소　　　서울시 마포구 서교동 485-14 선영사
Tel　　　 02.338.8231, 02.338.8232
Fax　　　02.338.8233
E-mail　 sunyoungsa@hanmail.net

등록　　　1983년 6월 29일 (제02-01-51호)
korea Sun-Young Publishing Company, 2004

ISBN 89-7558-163-2 02810

· 잘못된 책은 바꾸어 드립니다.